Lk 554.

# DESCRIPTION
## DE
# L'ÉGLISE D'AUMALE

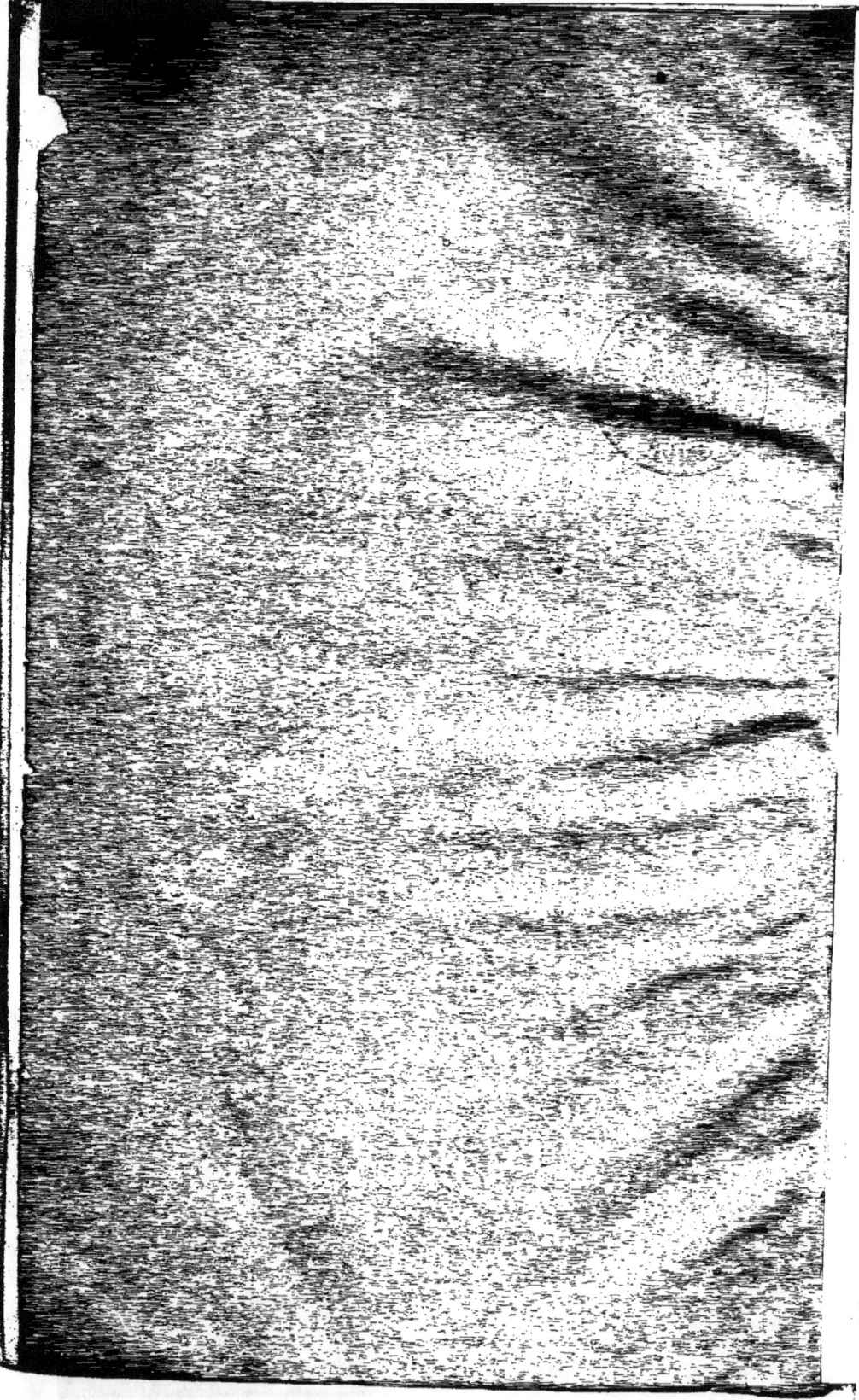

# DESCRIPTION DE L'ÉGLISE D'AUMALE

(SEINE-INFÉRIEURE.)

L'église d'Aumale mérite une attention spéciale. C'est un monument remarquable à divers titres, et le seul que le temps et la main des hommes aient épargné dans notre ville.

Voici les dimensions de ses parties principales :

Le portail et la tour offrent, depuis le pavé de la place jusqu'à l'extrémité de la pointe qui supporte le coq, une élévation de près de 38 mètres.

L'église mesure 56 mètres de longueur depuis l'extérieur de la porte d'entrée jusqu'à l'extrémité de l'abside au parement extérieur de la muraille. La nef, mesurée de même, donne 16 mètres en largeur, les transepts un peu plus de 20 mètres de longueur sur 8 mètres 50 de largeur.

L'abside et le chœur offrent ensemble plus de 10 mètres de longueur.

L'élévation du transept et du chœur est grande, elle est de 25 à 26 mètres, celle de la nef de 16 mètres.

La pente très-rapide du terrain sur lequel l'église a été bâtie, oblige à descendre 18 marches pour arriver du sol de la place au niveau de la nef.

Le portail attend une restauration ; au-dessus de ce portail douze petites niches contiennent les statues mutilées des apôtres.

La tour est d'un bel effet, mais elle a besoin de réparations : le médaillon placé au centre est vide de l'horloge qu'il dut autrefois contenir.

Une élégante tourelle flanque le côté sud de la tour. Un escalier de cent trente-neuf marches en pierre, pratiqué dans cette tourelle, conduit aux orgues, aux cloches, à l'horloge et aux galeries. Une tourelle semblable est placée à l'angle extérieur sud-ouest du transept sud.

Du côté opposé, au nord de la tour du portail, on avait créé une jolie chapelle du Saint-Sépulcre qui a été abandonnée depuis assez longtemps. M. le curé et l'administration ont conçu le projet de la restaurer; nous ne pouvons qu'applaudir à cette bonne pensée.

Le portail et la tour, ainsi que le chœur et les transepts dont nous allons parler, portent le cachet de l'époque où la grande architecture du moyen âge jetait son dernier éclat avant de disparaître. L'édifice a été commencé en 1508. On y a travaillé pendant le siècle tout entier, mais le malheur des temps, les longues guerres civiles et l'affaiblissement de l'esprit religieux causèrent de longues interruptions. Les travaux paraissent avoir été repris avec une certaine activité pendant le règne trop court de Henri IV. On lit sur la corniche de la face latérale sud de la nef, au-dessous de la balustrade en pierre qui termine l'édifice, les dates de 1607 et de 1608, sur la façade nord celle de 1607.

La plus grande partie de la nef doit avoir été construite au xvii$^e$ siècle: les piliers sont lourds; au reste, cette portion de l'édifice dans son ensemble n'offre ni élégance ni grandeur. Elle est d'ailleurs écrasée par le transept, par le chœur et par la tour du portail. La nef latérale du sud présente, depuis la tour d'entrée jusqu'au premier pilier, un rétrécissement d'un peu moins de deux mètres, dû à la nécessité de conserver à la rue sa largeur.

Une charpente du plus triste effet supporte la voûte de planches qui couvre la nef. Il est probable que, lors de la prise et de la dévastation d'Aumale en 1592, la toiture et la voûte de la nef furent détruites, et que la misère des temps engagea les habitants à établir dans leur église la voûte actuelle en bois qui attend toujours qu'une nouvelle voûte en pierres la remplace.

Ce qui distingue l'église d'Aumale à l'intérieur, c'est la beauté des transepts et du chœur : les deux chapelles latérales de Notre-

Dame et du Saint-Sacrement, qui lient le chœur au transept, concourent à former un magnifique ensemble. Les deux fenêtres du transept sont très-belles par leur dessin architectural et par les vitraux qui les ornent.

Quand les vastes verrières du transept brillaient de leur primitif éclat, que la grande fenêtre de l'abside n'était point masquée comme aujourd'hui par un triste contre-retable en chêne ; lorsque les deux chapelles du Saint-Sacrement et de Notre-Dame laissaient pénétrer un jour dont l'éclat n'était adouci que par les tons si riches et si variés de leurs vitraux de couleur, l'effet général devait être puissant. Des balustrades sculptées à jour séparaient le chœur des chapelles latérales. Un élégant jubé s'élevait entre le chœur et la Nef. Les gracieux pendentifs qui ornent la belle tribune de l'orgue, tribune que M. le curé vient de faire découvrir, sont un reste de ce jubé.

Cette disposition, cette ordonnance générale était heureuse : au moyen de ces vastes verrières, de leurs vitraux coloriés et des balustrades sculptées qui les fermaient, le chœur et le sanctuaire n'avaient point le double défaut de nos édifices modernes, ils n'étaient point inondés de cette blanche et blafarde lumière qui convient peu aux mystères du sanctuaire, et d'un autre côté ils n'offraient pas l'aspect sombre et triste que présentent les anciennes églises gothiques, dont les murs ont été noircis et déshonorés par le temps et souvent par les outrages des hommes.

Au-dessous du transept nord se trouve une chapelle placée en dehors du plan général de l'église ; cette chapelle doit avoir été construite par les soins de la famille de Chérye. Sous le plancher actuel, sur les pierres tombales, on lisait le nom de cette famille distinguée à Aumale. On entrait dans cette chapelle par une très-jolie porte qui va disparaître.

Le petit portail du sud est le morceau de notre église qui mérite le plus d'être connu.

L'écusson placé dans la partie supérieure porte les armes de Charles de Lorraine, duc d'Aumale.

Ce portail est composé de quatre colonnes corinthiennes élevées sur leurs piédestaux ; au-dessus de la porte deux colonnes plus élevées d'ordre composite supportent le fronton qui est décoré de sculptures.

A droite et à gauche sont deux figures ailées. Deux autres niches pratiquées dans l'épaisseur du mur ont un support orné d'une tête d'ange, et elles sont surmontées d'un dais qui a peu de saillie sur le nu du mur. Les plafonds et les frises des entablements sont chargés d'entrelacs : des renommées décorent les angles des archivoltes de la porte, et deux autres figures sont placées dans des niches entre les colonnes réunies deux à deux. Les sculptures se distinguent par un fini très-précieux. Malheureusement la pierre employée était de mauvaise qualité, et le portail se trouvait dans un état de dégradation complet quand il a été réparé avec bonheur par les soins de M. Drouin, architecte à Rouen[1].

La restauration du côté nord de l'église se continue aujourd'hui. Cette partie était fort endommagée, des réparations en briques l'avaient déshonorée.

Les voûtes du chœur offrent des nervures ornées à leurs points d'intersection par de grands et beaux pendentifs de près d'un mètre de hauteur, composés avec des figures. Ces figures sont suspendues à une grande rosace très-ornée, sculptée à même la clef de voûte. Un bien petit nombre d'édifices peut montrer des pendentifs aussi remarquables et d'une telle dimension.

Voici les sujets que M. Drouin a pu reconnaître : 1° saint Pierre; 2° saint Paul; 3° saint Christophe ; 4°........; 5° saint Jean ; 6° saint Jacques ; 7° saint Michel ; 8°..........; 9°..... ......; 10° Une main de Dieu soutenant une tête de mort.

Les voûtes de cette partie sont entièrement couvertes de peintures ; les clefs pendantes et les parties qui les avoisinent ont été travaillées avec beaucoup de soin et avec un grand luxe de décoration. Elles ont seules conservé la valeur des tons dont on a fait usage dans cette polychromie.

Les nervures croisées de la chapelle de la Vierge sont très-multipliées ; elles sont composées de rameaux partant d'un centre commun, et se rendant à chacun des angles du polygone formé sur le plan de cette chapelle.

De chacun de ces points naissent deux autres nervures qui, remontant dans la douelle de la voûte, se réunissent en un point d'où naît une nouvelle nervure qui va rejoindre le point de contact. Dans chacune de ces intersections, le tailleur d'images a sculpté, en haut relief, un sujet de la vie de la Vierge qu'il a renfermé dans un médaillon de 50 centimètres de diamètre environ. Ces sujets, en commençant par celui qui est au-dessus de l'entrée de la chapelle, et en tournant sur la droite, sont : l'Annonciation, la Crèche, la Présentation au temple, l'Adoration des Mages, la Fuite en Égypte, le Massacre des innocents et la Trinité. Ce dernier occupe le point central où viennent se réunir les nervures, et tous ces sujets parfaitement exécutés étaient peints et dorés, mais les dorures qui ajoutaient singulièrement à l'effet sont tout à fait ternies.

Cinq pendentifs de la chapelle Notre-Dame des Sept Douleurs sont aussi très-élégamment sculptés.

L'église a été déclarée monumentale en 1847, elle méritait bien cette faveur. Vu du haut des montagnes qui dominent la ville, cet édifice avec la tour de son portail, son chœur, son abside, ses

---

1. Le dessin de ce portail a été donné en 1844 par le *Magasin Pittoresque*, t. XII, p. 261, par conséquent bien des années avant sa restauration; cependant l'artiste a cru devoir le dessiner en le supposant dans un état parfait de conservation ou de restauration.

transepts, les pointes de ses toitures, ses galeries, ses gargouilles, ses clochetons à crochets, ses vastes fenêtres, offre un aspect qui frappe par l'élégance et la grandeur. La disposition du terrain sur lequel elle est construite lui donne une élévation considérable qui ajoute encore à l'effet.

Nous devons maintenant jeter un coup d'œil sur les autels, sur l'ornementation intérieure de l'église et sur les tableaux qu'elle renferme.

Voici, d'après les renseignements qui ont pu être recueillis, quelle était la situation et le nombre des différents autels de l'église avant la Révolution.

La fenêtre qui se trouve derrière l'autel a été bouchée à moitié au dernier siècle pour donner place à un contre-retable grec exécuté selon le goût de cette époque ; on doit regretter cette fenêtre dont l'effet devait être plus beau. Cependant ce contre-retable en bois de chêne n'est pas sans mérite ; deux colonnes cannelées à chapiteaux corinthiens supportent une mitre très-élégamment ornée de belles fleurs. Le tableau de la Cène, fort mal éclairé du reste, semble de peu de valeur ; l'autel en bois n'en a aucune. Contrairement aux prescriptions liturgiques, il touche à la muraille, ce qui offre des inconvénients de toute sorte. Les lambris remarquables qui garnissent le sanctuaire viennent de l'abbaye, on y voit les armes du duc du Maine.

Les autres autels de l'église sont au nombre de cinq.

L'autel à gauche du sanctuaire est dédié, comme le grand autel, à la sainte Vierge. Il était entouré de trois verrières peintes dont il reste des traces ; il est orné d'un contre-retable qui cache le vitrail du milieu. Les lambris de cette chapelle sont beaux, ils ont peut-être appartenu à l'abbaye.

L'autel a été bien restauré depuis peu de temps par les Delahaye, peintres à Aumale.

La duchesse de Némours, vers 1650, a donné le tableau qui représente l'Assomption. Ce tableau est beau, mais en le replaçant on a mal tendu la toile et on lui a prodigué le vernis ainsi qu'à plusieurs autres tableaux de l'église avec une générosité excessive.

L'autel situé à droite était sous le vocable de saint Nicolas. C'est aujourd'hui l'autel du Saint-Sacrement ; il est entretenu aux frais de la confrérie de ce nom, et, par une allusion symbolique, il porte dans son contre-retable un tableau représentant la manne au désert.

L'ensemble de l'autel a beaucoup d'analogie avec celui de la Sainte-Vierge placé de l'autre côté mais il renferme en outre un très-gracieux et très-élégant retable que la Révolution a transporté du couvent de Saint-Dominique dans l'église paroissiale. Ce retable, haut d'environ deux pieds, est formé de plusieurs petites colonnes cannelées, à chapiteaux corinthiens, séparées entre elles par des niches où étaient placés des saints grands comme la main : une élégante corniche relie entre eux les chapiteaux et supporte encore bon nombre de jolies statuettes. Le tabernacle s'avance sur trois faces, également visibles et plus ornées encore que le reste. Aux deux extrémités du retable sont peints sur verre saint Pierre et saint Paul. Ce retable était autrefois tout doré. Lorsqu'on l'a restauré tout récemment, on s'est contenté de le vernir et il conserve uniformément sa couleur naturelle en chêne. Cette mesure conseillée par l'économie ôte beaucoup de prix à ce joli morceau. La chapelle du Saint-Sacrement renferme encore un vitrail presque complet où l'on reconnaît sainte Barbe avec sa tour. Les donateurs sont au bas dans l'attitude de la prière.

Au-dessous de l'autel du Saint-Sacrement se trouve la croix du transept avec son magnifique vitrail de saint Nicolas. Bien qu'il soit notablement mutilé, on y reconnaît encore plusieurs scènes de la légende de ce saint, la scène du vaisseau en danger de périr, celle des trois clercs condamnés à mort, l'élévation de saint Nicolas à l'épiscopat, etc. Ce vitrail occupe toute la muraille du pignon sud : il est divisé dans sa hauteur en deux parties, dont chacune renferme cinq compartiments sur sa largeur. Le dessin de l'ogive, dans la partie supérieure, est rempli d'anges qui tiennent des instruments de musique. L'ensemble de ce vitrail était estimé 10,000 francs, il y a quelque temps, par M. Lévêque, verrier à Beauvais : cet artiste demandait 3,000 francs pour en opérer la restauration complète.

Dans l'angle formé par le pignon du transept avec l'arcade de la chapelle du Saint-Sacrement se trouve un autel, aujourd'hui dédié à la sainte Croix, depuis qu'il renferme des reliques de l'instrument de la Rédemption. Il est surmonté d'un contre-retable ordinaire et d'un tableau très-difficile à comprendre. Nous supposons que ce tableau vient de la chapelle des dominicains : il rappelle une vision de sainte Catherine de Sienne, deuxième patronne de leur ordre. Cet autel ainsi placé dans une encoignure produit un effet assez disgracieux, ainsi que l'autel Saint-Roch qui a été posé symétriquement de l'autre côté. Il est évident qu'il n'entrait point dans le plan de l'architecte de mettre un autel à cet endroit. C'est une mauvaise addition du siècle dernier.

Notons encore à propos du transept sud, où nous sommes, un reste de vitrail au-dessus de l'arcade de la chapelle du Saint-Sacrement, qui renferme une belle image de saint Pierre en habits pontificaux, la tiare en tête et les clefs dans les mains. Il paraît qu'on trouve peu d'exemples de cette manière de représenter le prince des apôtres.

Au côté nord du transept se trouve, nous venons de le dire, l'autel de Saint-Roch, placé comme celui de la Sainte-Croix dans une encoignure, vers le milieu du siècle dernier. Nous en avons même la date certaine, puisque cet autel n'a pas été changé de place depuis sa bénédiction en 1761. Il a été fait par Gilles Blot, menuisier à Aumale. Le tombeau de l'autel est gracieux et le contre-retable, quoique composé dans le style capricieux de Louis XV, ne manque pas d'une certaine élégance. On y a posé l'année dernière, à la place d'un tableau usé, une toile de M. l'abbé Borelly de Rouen, qui représente Jésus offrant à son père ses plaies pour le salut des hommes, symbole de la manière dont nous devons supporter les maladies, pour lesquelles nous implorons l'intercession de saint Roch. Cet autel a été primitivement dédié à la sainte Trinité, à saint Roch et à saint Antoine, et voilà pourquoi les images de ces deux saints accompagnent la sainte Trinité représentée comme on l'a dit.

Le culte de saint Roch, qui date à Aumale au moins du XVIe siècle, y est resté populaire. L'office en est encore célébré chaque année solennellement, le 16 août, par une grande messe et une procession dans la ville où l'on porte les reliques du saint. On fait de même pour saint Antoine, le 17 janvier. La confrérie de Saint-Roch a payé seule tout récemment les frais de la restauration de son autel.

Au-dessous du transept nord, formant saillie sur le plan général de l'église, nous savons que se trouve la chapelle seigneuriale qui renferme les tombeaux de la famille de Chérye. Cette chapelle était autrefois séparée de l'église par une balustrade. La voûte est très-élégante et a été restaurée il y a quelques années. L'autel était dédié à saint Étienne martyr, et l'on voyait récemment encore le tableau de ce saint. Aujourd'hui l'autel est sous le vocable de Notre-Dame des Sept Douleurs, et on a placé dans cette intention une statue de la sainte Vierge au milieu d'un contre-retable qui n'est point en rapport avec la beauté de la chapelle.

Avant la Révolution, il y avait à l'entrée du chœur, sur chacun des deux gros piliers, un autel de petite dimension dont on reconnaît encore la place : les colonnettes de l'arcade qui avaient été mutilées ont été restaurées en plâtre par les soins de M. le curé actuel.

Il reste à dire un mot des tableaux qui décorent l'église : le meilleur sans contredit est une vision de saint François d'Assise auquel un séraphin montre le calice de la Passion. C'est sans doute une relique du couvent des Pénitents, et à coup sûr une magnifique relique. Oserions-nous dire que le coloris, le dessin et surtout la composition, rappellent le prince de la peinture, Raphaël ; ce tableau est certainement de son école. Trois autres tableaux de la même dimension (ils ont de 8 à 10 pieds de hauteur sur 4 à 5 de largeur) sont modernes. L'un a été donné en 1838 par Louis-Philippe. C'est une Adoration des Bergers, copie de Ribera ; le second est une Cène, bonne copie de Van Dyck ; le troisième une Vierge au donataire, copie du même peintre ; ces deux derniers tableaux ont été donnés par S. M. l'Empereur. A l'entrée du chœur se trouve une autre toile toute petite : Hérodiade tenant dans un plat la tête de saint Jean-Baptiste. Ce tableau est très-beau ; Hérodiade ressemble d'une manière frappante à certains portraits du Titien.

Les tableaux du Chemin de la Croix ont été rapportés d'Allemagne, sous l'empire, par M. Morel.

La chaire n'est point remarquable. Les sculptures qui l'accompagnent représentent les douze apôtres.

L'église possède une parcelle de la vraie croix.

Nous ne pouvons dire qu'un mot du mobilier de l'autel, des vases sacrés, chandeliers, lampes, et croix de procession. Tous ces objets, outre leur valeur intrinsèque, sont aussi très-remarquables comme objets d'art. Les paroissiens doivent une vive reconnaissance à M. Valentin, l'un de leurs trésoriers, qui a contribué puissamment à doter l'église de ces magnificences.

L'église d'Aumale a été l'objet de la sollicitude éclairée des administrations qui se sont succédé. Des dépenses considérables y ont été faites ; aujourd'hui encore on continue ces restaurations avec autant d'activité que de succès[1].

Les maisons qui obstruent encore le monument vont disparaître.

### CLOCHES.

Nous avons parlé des cloches de l'église au chapitre xx, p. 138 et 139.

Voici les nouveaux renseignements que nous devons ajouter.

Les cloches de l'église portaient parmi le peuple les noms suivants : grosse cloche, grosse bourdette, petite bourdette et petite cloche. Il existait encore une cinquième cloche plus ancienne, qui avait, dit-on, le nom de *Tintin*, sans doute parce qu'elle servait à tinter les messes. La grosse cloche et le tintin sont seules conservées. La grosse cloche (indiquée par nous la quatrième à la page 139 de ce volume) est très-chargée d'ornements. On lit l'inscription suivante : « L'an 1762, j'ai été nommée *Louise* par Louis-Charles de Bourbon, comte d'Eu, prince souverain de Dombes, duc d'Aumale, bénite par Me Pierre Letellier, bachelier, curé de cette paroisse : M. Louis Legendre, trésorier en charge. Ledit parrain représenté par M. Alexandre Engren de la Motte, procureur fiscal du duché, et Marie Catherine de Faubourg (?) épouse de M. Robert Beuvain, bailly d'Aumale (Cavilliers à Carrepuis près Royes). »

Sur la petite on lit : « En 1707, je fus fondue. J'ai été donnée par M. François de Lormel, ancien conseiller du roi, bailly civil et de police du duché-pairie d'Aumale, et par damoiselle Chevreville, femme de Alexandre Beuvain, viconte dudit lieu, officiers de Son

---

1. M. Drouin, fort habile architecte et dessinateur remarquable, dirige les travaux qui sont exécutés par le sieur Joly, entrepreneur.

Altesse Sérénissime monseigneur le duc du Maine et d'Aumale, par l'advis de Mᵉ François Prevost, vicaire et des............ l'église dudit lieu : François d'Auvray, trésorier en charge. » Cette cloche pesait 522 livres et fut bénite le 20 février 1707 [1].

CURÉS.

Nous terminons ces détails sur l'église par la notice suivante concernant plusieurs curés d'Aumale ; nous devons les éléments de cette notice, pour la plus grande partie, à l'obligeance de M. Flouest, vicaire d'Aumale, dont le concours nous a été bien précieux à plus d'un titre.

Nous ne faisons pas figurer dans cette liste les doyens d'Aumale, parce que l'histoire du doyenné se lie à l'histoire du comté et que le doyen n'était presque jamais le curé d'Aumale.

En mars 1240, maître Bauduin était prêtre, c'est-à-dire curé de Saint-Pierre d'Aumale (donation de Hugues d'Estothune, t. II, p. 94).

Les notes de M. Semichon père indiquent, en 1340, Jacques Lelong, doyen, et en 1342, Pierre Aoustin ; mais nous n'avons pas trouvé la preuve que ces deux personnages fussent en même temps curés d'Aumale.

Ces mêmes notes donnent Guillaume de Nully comme curé en 1487 et en 1520 ; il est mentionné dans les pièces de la fabrique en 1495. En 1515, il assista ou présida à la translation dans son église paroissiale des reliques de saint Sébastien et de saint Adrien, apportées de Rome en France par le cardinal légat du pape Léon X. Elles furent placées par le doyen d'Aumale, Guillaume Debonnaire, dans un grand candélabre donné par le curé Guillaume de Nully.

En 1529, le sieur Frétil était curé d'Aumale (t. II, p. 168).

Jean Obry se rencontre en 1574.)

Jacques Gallemant est sans contredit le plus célèbre des curés d'Aumale, il est souvent cité dans notre histoire ; on peut se reporter aux divers chapitres où nous rappelons plusieurs de ses œuvres. Sa vie a été publiée en 1653, par le père Placide Gallemant, son neveu, gardien des religieux récollets de Paris, et de nos jours par M. l'abbé Trou (Paris, Guyot 1852). Il fut appelé à Rouen pour prêcher à la cathédrale, en 1594. Le sʳ Gallemant parut aussi dans les chaires de Senlis, de Pontoise et de Gisors, pendant des stations entières d'avent ou de carême, puis dans celles de Paris. Il réforma le monastère de Montivilliers. Il devint vicaire général des cardinaux de Bourbon et de Joyeuse, archevêques de Rouen. Fondateur, de concert avec le cardinal de Bérulle, de l'ordre des carmélites en France, il fut désigné par Rome et devint leur su-

---

1. Registre de l'état-civil.

périeur; les ursulines lui durent aussi leur fondation, et une bulle de 1611 le choisit pour leur supérieur. Nous le voyons à cette époque refuser l'évêché de Senlis et abandonner la cure d'Aumale. Il devint, en 1619, curé d'Aubervillers, près Paris, et résigna bientôt ce bénéfice aux pères de l'Oratoire. Son zèle lui faisait entreprendre de fréquents voyages ; c'est ainsi qu'il alla en Flandre pour y établir les carmélites ; nous le voyons à Besançon, à Dôle, à Dijon ; enfin il se retira à Besançon où il mourut en 1630, âgé de 72 ans. Aumale, pendant qu'il y résidait, fut fréquentée par une foule d'âmes d'élite, désireuses de connaître ce grand homme. Les lettres de saint François de Sales et du cardinal de Bérulle témoignent de toute l'estime et de l'affection qu'ils lui portaient et qu'il méritait si bien.

Louis Calon (ou Callon) fut son successeur, en 1611. Dans plusieurs chapitres de notre histoire, nous avons dit ses bienfaits envers l'église, le collège, les écoles et l'hôpital. Il n'est pas une bonne œuvre qu'il n'ait créée ou à laquelle il ne se soit associé. Disciple de son saint prédécesseur, le curé Gallemant, il eut le bonheur d'être l'ami de Saint-Vincent de Paul. Il quitta la cure dès 1621 pour se livrer à l'œuvre de prédilection de Saint-Vincent de Paul, la prédication dans les campagnes. Il mourut à Vernon, en 1647. On peut lire sa vie dans l'*Histoire du tiers ordre de saint François*, par Jean Marie de Vernon, pénitent, 1666, p. 603.

Pierre Legendre, docteur en Sorbonne, prit la cure des mains de M. Calon et la conserva pendant cinquante ans. Les registres constatent que, pendant qu'il exerçait, on faisait de nombreux pèlerinages à Conty, à la Sainte Larme de Sélincourt, à Quincampoix, à la Lande. On ne revenait que le lendemain, et pendant l'absence des pèlerins, le reste de la paroisse se rendait à la chapelle du Cardonnoy pour s'unir d'intention aux voyageurs. L'autel de la Vierge fut pendant l'exercice de M. Calon consacré par l'évêque de Chalons, qui y mit des reliques de sainte Fabiane. M. Legendre mourut en 1671.

Nicolas Guillot, docteur en théologie, succéda le 6 décembre 1671 au curé Legendre. Le clergé d'Aumale se composait alors du curé, d'un vicaire et de cinq ou six prêtres habitués qui remplissaient les fonctions de diacre, sous-diacre, de clercs et de chapiers.

En 1675, M. Guillot échangea sa cure avec celle de Gaillefontaine; M. Jacques Mahieu, bachelier en théologie, devint ainsi curé d'Aumale, mais pour six mois seulement. Il mourut à 55 ans et fut inhumé sous le clocher par un autre M. Mahieu, curé de Saint-Saturnin, doyen et official d'Aumale.

Au mois de décembre de la même année 1675, M. Jacques Tranchepain, bachelier en droit canon, fut installé comme curé. Il disparaît on ne sait pourquoi des registres pendant les années 1634, 1635, 1636; M. Doupillieres remplit alors les fonctions de curé.

M. Tranchepain mourut le 22 juin 1705, et la cure resta vacante jusqu'en 1709.

M. Claude Langlois, bachelier en théologie, prit possession en 1709. Nous avons dit (t. II, p. 136) que l'église lui fut redevable de grandes améliorations. Nous ajouterons qu'il donna une niche magnifique pour exposer le Saint-Sacrement ; que, par ses soins, la sacristie fut bâtie, elle coûta 1,760 livres ; grâce à lui, un presbytère fut acheté en 1728, ce presbytère était à l'encoignure de l'église et du passage qui conduit à l'hôtel de ville. Il n'y avait point de presbytère depuis 1693, et jusqu'à cette époque de 1693, il était placé derrière le chœur de l'église. M. Langlois disparaît du registre en 1736, sans que nous puissions savoir où il mourut.

M. Barabé, bachelier de Sorbonne, fut installé le 29 décembre 1736, et, comme ses prédécesseurs, il fit de grands sacrifices pour l'église. On commença de son temps à louer les bancs de l'église. Il bénit la cloche de l'hospice en 1759, et mourut le 26 septembre 1760. Sous M. Barabé, on voit pour la première fois deux vicaires à Aumale, et le second se donne le titre singulier de sous-vicaire.

M. Letellier, vicaire de M. Barabé, devint en 1761 son successeur. Nous savons qu'il avait béni les quatre grosses cloches qui existaient avant la Révolution. Le 15 août 1763, M. Letellier bénit aussi l'autel de la Charité qui existe encore, sous l'invocation de la sainte Trinité, de saint Roch et de saint Antoine. M. Letellier vécut jusqu'à la Révolution, et mourut, dit-on, du chagrin que lui causèrent les événements de cette époque.

Le culte fut interrompu pendant plusieurs années, puis des prêtres assermentés furent placés à la tête de la paroisse.

Ce fut le 7 août 1802, que Marie-Henri-Alexis Levaillant de la Motte fut installé en qualité de curé d'Aumale, par Nicolas Semichon, ancien curé de Folny. Le journal de Neufchâtel lui a consacré une notice intéressante, due, nous le pensons, à M. Decorde, curé de Bures.

Son successeur arriva à Aumale au mois de novembre suivant. Il se nommait Jean Charles Duprey ; il ne fit que languir jusqu'à sa mort arrivée dans les derniers jours de 1829.

L'avant-dernier curé d'Aumale était M. Levasseur.

On nous saura gré de donner ici dans son entier la notice que M. l'abbé Flouest a bien voulu nous remettre sur cet ancien curé d'Aumale :

« Louis-Athanase Levasseur naquit à Colleville (village situé entre Valmont et Fécamp), en l'année 1795, d'une famille honorable, mais peu fortunée. Il était le neveu par sa mère de l'abbé Cramoisan, prêtre distingué, qui au retour de l'émigration fut nommé curé de Bolbec.

« M. Cramoisan ayant fondé dans sa propre maison une sorte de petit séminaire[1] pour faciliter aux jeunes gens du pays de Caux les études préparatoires au sacerdoce ; le jeune Levasseur y fut aussitôt admis. Il alla terminer ses études au grand séminaire et fut ordonné prêtre par le cardinal Cambacérès en 1817. Nommé vicaire d'Harfleur, puis au bout de quelques mois curé d'Igneauville près Fécamp, il montra dans ces postes qu'il était digne d'occuper une position plus élevée, et dès l'année 1820 il était nommé à l'importante paroisse d'Yébleron, canton de Fauville, paroisse dont la circonscription, plus étendue qu'aujourd'hui, réunissait plus de 2,500 âmes. On se souvient encore dans ce pays de tout le bien qu'il a fait pendant dix années de séjour; son zèle s'exerçait même sur les paroisses voisines, et il fut vraiment pendant ce temps le prédicateur de la contrée.

« Désigné au mois de janvier 1830 pour la cure d'Aumale, il continua dans cette ville à donner les preuves les moins équivoques de ses vertus sacerdotales. La charité pour les pauvres, la prudence unie à une sage fermeté, l'intégrité des mœurs, l'assiduité à la prédication se faisaient surtout remarquer en lui. Pendant plus de trente années de ministère à Aumale, peut-être ne manqua-t-il pas un seul dimanche à donner aux fidèles l'instruction pastorale. Il sut maintenir une bonne harmonie entre le clergé et l'administration civile aux époques orageuses de juillet 1830 et de février 1848.

« L'un de ses principaux titres à la reconnaissance publique est sans doute d'avoir contribué de toutes ses forces à tirer d'une ruine à peu près complète le collége, fondé par l'un de ses prédécesseurs, M. Gallemant. C'est à l'instigation et sur les pressantes instances de M. Levasseur que l'administration municipale se décida, vers 1833, à entrer en négociations avec le prince de Croy, archevêque de Rouen, pour remettre le collége entre ses mains et le prier de placer à sa tête des ecclésiastiques.

« Les importantes réparations qui furent faites à l'église en 1851 et 1852 sont dues aussi à son initiative et donnèrent même l'occasion de manifester chez M. Levasseur un sentiment de désintéressement bien rare et bien louable. Depuis plus de vingt ans qu'il sollicitait sans succès la restauration de l'église, il s'était abstenu de rien demander pour son presbytère qui pourtant était dans un état plus que modeste et peu convenable, et ce ne fut qu'après avoir réussi à embellir la maison de Dieu qu'il consentit à embellir quelque peu la sienne propre. Il se flattait de conduire à sa perfection cette œuvre de la restauration de notre belle église, en achevant la voûte de la nef; les devis étaient faits, les plans étaient acceptés. La mort est venue, elle ne lui a pas permis de jouir de son œuvre et nous ne pouvons que former des vœux pour

---

1. On fonda à cette époque plusieurs institutions de cette nature : les maisons d'Yvetot, de Mesnières, d'Aumale, n'existaient pas encore et le petit séminaire lui-même était dans un état fort précaire.

que son successeur ne se laisse pas effrayer par les embarras d'une entreprise considérable sans doute, mais indispensable pour rendre notre monument complet et digne d'être comparé à nos belles églises de Normandie. Aumale ne possède que ce monument; il ne lui reste plus que ce souvenir vivant de sa gloire ancienne.

« N'est-ce point un devoir pour ceux qui sont à sa tête, je ne dis pas seulement de l'empêcher de périr, mais de lui donner tout l'éclat, toute la beauté que voulaient lui donner ceux qui l'ont commencé dans de si belles proportions?

« M. Levasseur est mort le 1er mars 1859. Il avait été nommé chanoine honoraire vingt ans auparavant et peu de temps après curé de première classe, double faveur que méritaient bien son zèle et ses vertus. Par amour pour son troupeau, il avait refusé plusieurs postes importants que lui avait proposés Mgr l'archevêque. Toute la ville a pleuré sa perte et va encore aujourd'hui prier à son tombeau. Le conseil municipal, écho de la reconnaissance publique, s'est chargé des frais de son inhumation et du soin d'élever un monument à sa mémoire.

« Ajoutons un simple mot à cet éloge bien mérité.

« M. Levasseur est mort pauvre et le jour où ses dépouilles mortelles furent confiées à la terre, les pauvres qui assistaient en foule à la cérémonie firent entendre d'une commune voix cette courte mais éloquente oraison funèbre : Adieu notre bienfaiteur!»

*Liste des trésoriers de l'église d'Aumale, composée d'après les registres et comptes de la fabrique, les actes du notariat et les notes de M. Semichon père.*

Sans date, Cardin Ménage.
1544, Nicolas de Grouchy. (Information devant le juge; dans cette information, on dit que Cardin Ménage avait été autrefois trésorier).
Vers le même temps Robert Mallet.
1567 Jean Ternisien.
1568 Adrien Mahieu.
1569 Nicolas Bourdet.
1570 Leger Bloquel. ⎫ Compte rendu par eux, signé par les
1571 Rivière. ⎬ curés trésoriers, échevins et habi-
1572 Noel Lenoir. ⎭ tants, le 18 avril 1579.
1575 François de Cléry.
1576 Florimond Cossard.
1577 Florimond Lelièvre.
1584 Étienne Saonnier, Guillaume Quatresols, Antoine Duval, Nicolas Lenormant.
1597 Jean Mahieu.
1598 Nicolas Fournot, avocat et procureur fiscal.
1600 14 novembre, Charles Sauyer (Minutes du notar.).

1601-1602 François Semichon.
1603 François Thérache.
1605-1606 Charles Mahieu.
1618 Charles Sauyer.
1619 Le même.
1623 Pierre Quentin.
1629 Jean le Picard, seigneur de Saint-Ouen et du Moustier.
1630 4 juin, François Gamard, Claude d'Huitmille.
1675 12 février, François Bout (arrêt du parlement).
1676 26 octobre, François Bout (Minutes du n.), David de Cherye, écuyer, seigneur de Lignières, Antoine Langlois, trésoriers modernes, Jean-Baptiste le Picard du Moustier, ancien trésorier.
1684 10 octobre, Pierre Delaroche.
1690 10 octobre, Nicolas Pesant (Minutes du n.).
1707 François d'Auvroy (sur la cloche).
1707 Pierre Davesne.
1707 20 décembre, François Quatresols.
1708 10 avril, François Dauvergne (Minutes du n.).
1710 21 janvier, Nicolas Réné, avocat.
1714 Nicolas Legendre, marchand (Minutes du n.).
1718 François Nasse.
1720 9 janvier, Antoine Memant, Pierre Davesne, Pierre Radoux, Pierre Scie, Pierre Beaumont, Jean Louis Sauvé, Me Charles Cœuillet, avocat, étaient anciens trésoriers.
1734 Jacob.
1735 Charles François Ledoux.
1736 Charles Salmon.
1737 24 novembre, Nicolas François Beuvain (Minutes du n.).
  Charles Boucher, Robert Beuvain, Pierre Joseph Prevost, Antoine François Quatresols, Nicolas René Larcher, Jacques Jacob, Charles Salmon, étaient anciens trésoriers.
1738 Delettre.
1739 8 octobre, Antoine Boufflers.
1741 24 décembre, Jacques Vincent, avocat.
  Alexandre Delettre, avocat, Nicolas Réné Larcher, Jacques Jacob, Charles Boucher, Charles Salmon, Pierre Joly, Antoine Boufflers, Charles François Ledoien, étaient anciens trésoriers.
1745 Yvart.
1751 Alexandre Leroy.
1762 Louis Legendre (inscrit sur la cloche).
1764 Pierre Charles Larcher.

A la suite d'un cœuilloir pour l'année 1787 se trouvent inscrits les noms des anciens trésoriers de l'église :

MM. De Rieux, bailli ;—Beuvain, bailli ;—Engren de la Motte ; —Yvart, lieutenant ;—Thuilier ;—Beuvain de Beauséjour, avocat ;—Legendre, marchand ;—Ledoux, marchand ;— Mauger, notaire ;—Boufflers Laîné ;—Rose, Président ;— Boufflers, négociant ;—Cardou, greffier ;—Lecointe, avocat ;—Bourgois, avocat ; — Yvart, négociant ; — Jacques Honoré Pepin, marchand.

1782-83 Pierre Alexandre Larcher de Mameline.
1784 Pierre François Quatresols, marchand drapier, comptes de la commune de 1792 à 1793.
1785 Lecointe François, marchand,           id.
1786 Thiebaut aîné (Charles), marchand tanneur,    id.
1787-88 Pierre Alexaudre Quatresols, teinturier,     id.
1789 Jacques François Florimond De la Bouglise,    id.
1790 Le Veneur, marchand,                 id.
1791-92 Cavilier, maître de la poste aux chevaux,   id.
1793 Raban, officier municipal chargé du recouvrement des revenus de l'église,          id.
17 nivôse an IX, M. Grouard, receveur des domaines et de l'enregistrement du bureau d'Aumale, donne décharge à M. De la Bouglise des titres et pièces des biens de l'église,    id.
1802-3 Deniel,      Registre des délibérations.
1804-5 Normand,              id.
1805-6 Normand,              id.
1807 Le même,               id.
1808 Deniel,                id.
1809 Boudin-Evrost,           id.
1810 Levaillant de Blangermont,    id.
1811 Lecointe, marchand, jusqu'en 1829, id.
1830 Levaillant de Blangermont, maintenu jusqu'en 1859,          id.
1859 Larcher, notaire honoraire,   id.
1860 Drevet,               id.
1861 Larcher, notaire honoraire,   id.
1862 Valentin,     id.     id.

Paris.— Imprimé chez Bonaventure et Ducessois, quai des Augustins.

143

www.ingramcontent.com/pod-product-compliance
Lightning Source LLC
Chambersburg PA
CBHW070451080426
42451CB00025B/2708